ROTI-COCHON
OU
METHODE
TRES-FACILE
POUR BIEN APPRENDRE
LES ENFANS A LIRE
EN LATIN & EN FRANÇOIS,

Par des Inscriptions moralement expliquées de plusieurs Representations figurées de différentes choses de leurs connoissances; tres-utile, & même nécessaire, tant pour la vie & le salut, que pour la gloire de Dieu.

A DIJON,
Chez CLAUDE MICHARD Imprimeur & Marchand Libraire
à Saint Jean l'Evangéliste.

Le Maître d'École.

Perd souvent son tems, d'Enseigner les Paresseux & Négligens.

AVERTISSEMENT.

ON ne doit enseigner l'Enfant, suivant l'opinion d'Hésiode, avant l'âge de sept ans : Quintilien dit qu'on peut l'instruire plûtôt, & qu'il ne faut pas le travailler, mais se conformer à sa volonté, lui donnant une infinité de loüanges, l'invitant à l'étude par le moyen de quelques prix ou gages qu'on lui proposera, & lui faisant prononcer chose qui lui soit plaisante & agréable.

On ne doit toutes fois régler les Enfans à une même forme, n'étant tous de même naturel ; & dit fort bien Platon en sa République, qu'aucuns en leur naissance sont composés d'or, & d'autres d'argent, les autres d'airain & de fer. L'or signifie qu'ils sont magnanimes & impérieux de nature, ausquels il veut qu'on donne les Magistratures & dignités sans avoir égard à leur race. Par l'argent, nous est représenté le naturel d'un homme modeste, courtois & affable, propre pour aider & soulager ceux qui ont les Charges publiques. L'airain & le fer dénotent la simplesse & trop grande

A ij

bonté, laquelle fait que telles gens n'affectent aucuns honeurs ni prééminence, mais s'adonnent au travail.

Or, quoique le naturel prouve beaucoup en nous, si est-ce qu'il est possible de corriger l'inclination mauvaise de l'Enfant, par le moyen de l'instruction qu'on lui donne du commencement : & comme dit Aristote, l'esprit à nôtre naissance, est comme une table d'attente, en laquelle on imprime ce qu'on veut. C'est pourquoy il faut que le Pere instruisant son Enfant, remarque ses déportemens : s'il le connoît hautin, il doit s'arrêter aux Figures de ce present livre, où l'on étrille les mauvais Garçons, lui faisant quelques petites remontrances sur icelles, afin de réprimer son audace.

Et l'Enfant gracieux & courtois, on le doit maintenir en son bon naturel, lui proposant les loüanges qu'on donne à ceux de sa sorte. Dieu par sa grace, les fasse prospérer à la gloire de son Saint Nom, & pour le salut de leurs ames. Ainsi soit il.

LE POT DE FLEURS.

ORAISON

Qu'on fera dire à l'Enfant, outre ses Prières ordinaires, avant que de l'Enseigner.

MON DIEU, qui m'avez créé, favorisez moi, s'il vous plaît, au tems de ma plus tendre jeunesse. Le chemin qu'il me convient faire est fort douteux, & tres incertain : Montrez-moi, mon Dieu, vos sentiers, & éclairez mon entendement par les Rayons de vôtre Saint Esprit ; me faisant cette grace, qu'avec l'accroissement d'âge, j'augmente aussi en vertu & sçavoir, & que le tout soit à vôtre gloire & honeur, & au salut de mon Ame.   Ainsi soit-il.

LE RECTEUR.

Mon fils, jusqu'au Cercueil, faut aprendre,
Et tenir pour perdu le jour qui s'est passé,
Si tu n'y a de quelque chose profité,
Pour plus sage & sçavant te rendre.

Commence à faire attention sur ce qui est ici Representé par les NOMS & FIGURES de Fleurs, d'un Chien, de la Femme, d'un Homme, d'une Maison, d'un Chapeau, du Pain & d'un Coûteau: & continuë d'observer, peu à peu, ce qui suit.

Dulcia non meruit, qui non gustavit amara.
Pour le bon tems trouver, faut la Mer passer.

PAYS DE COCAGNE

Désiré par les Paresseux & Fainéants.

Ce Païs ainsi representé, avec ses Alloüettes Roties, Montagnes de Beurre, Ruisseaux & Riviéres de Miel, Vin, & Lait, &c. ne se découvre qu'aux Gens d'esprit, lesquels par leurs sciences, sont bien élevés, venu & reçûs par tout.

8 *Parva leves animos capiant.*
L'Enfant est apaisé de peu de choses.

Les Pommes sont bonnes à l'Eau Rose & force Sucre.

Post Pira suma potunt.
Aprés la Poire faut boire.

Les Poires de fil d'or ou de bon chrétien

font meilleures que les Pommes Turc.
Uva

Uva semper fuit sacrata Deo.
Le Raisin a toûjours été consacré à Dieu.

RAISINS blancs & noir, sert à faire le bon Vin, qui est nécessaire sur les Autels; il réjouît le cœur de l'Homme, sert de Lait aux Viellards, de Nectar aux Repas & fait le bon Sang, lorsqu'il est pris à propos: mais il gâte tout quand on en prend trop.

Conservat industria fruges.
Les fruits se gardent par artifices.

Les PRUNES de Damas sont bonnes à manger pour ceux qui les aiment.

B

10 *Puerilla Pueris lacerenda.*
Ce qui est pueril se rompt par les Enfans.

Oublie sucrée, Bugnets cornus, & Gauffre fretillante.

Quoiqu'elle ressemble à une fenêtre, elle n'éclaire pourtant pas, le Ventre, ni l'Estomach.

Trahit sua quemque voluptas.
Chacun souhaite son plaisir.

Crespé au beurre, Sucre en pain.

Ces différens Mets sentent le Carême.

Relictis nucibus graviora sequi.
Aprés l'Enfance faut faire choses
sérieuses.

Noix pour jouër, faire de l'huile, ou manger, ainsi que les **POIDS VERT**, ou **POIDS MANGE-TOUT**.

Capiuntur Homo pisces.
On prend des Poissons à l'Hameçon.

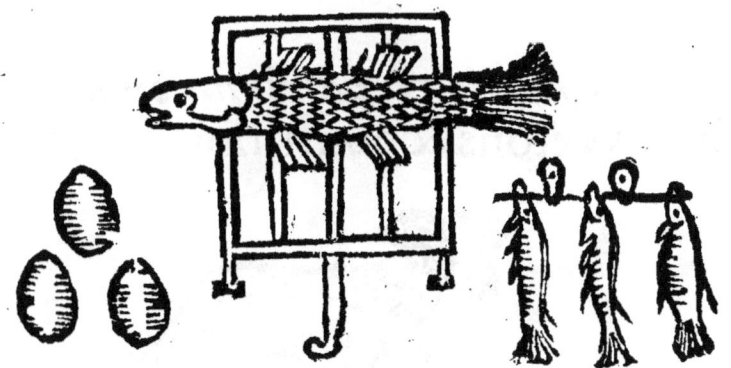

Oeufs frais,
POISSON Roti & **HARANGS** Salés, sont pour le Carême & autres jours de l'année, soit maigres ou gras, & selon l'apétit ou le bon marché.

Caro lepora decorat.
La chair de Liévre embellit.

Le Liévre est trés-bon en Pâté.
Témoin ceux qui en ont goûté.

Veſtimus & paſcimus omnes.
Nous vétons & nourriſſons un chacun.

Le Mouton
à grande laine, sert à la Créature,
d'habillement & de nourriture.

Hic

Hic vescimur usu.
Nous vivons de ceux-cy par usage.

Cailles & Perdrix

ouvrent l'apétit. Les Friants mangent bien les maigres, à faute de grasses, (*quand ils en ont, s'entend,*) & même sans Orange.

Apparatus non facit convivium.
Le grand aparcil ne fait pas le Banquet

Les Lapraux,

CANARDS & MEMBRES de MOUTONS cuits, sont bons à manger, par ceux qui en peuvent avoir.

Pascit ægros & sanos.

Il nourrrit les sains & les Malades.

CUISINE GARNIE.

BOUILLI pour abattre la grosse faim; avec le ROTI pour les Festins.

Convivas familiares convoca. 15
Invite les plus familiers à Banqueter.

Du Cochon Roti, vive la Peau, étant chaud.

Principibus servire & Populo.
Il sert aux Princes & au Peuple.

LE JAMBON de Pourceau

bien Mayencé, est bon à Manger,
non pas sans boire.

C ij

16. VILLE FORTIFIE'E.

Les Villes ont leurs agrémens d'Abondances & de Peuples, que la Campagne n'a pas.

Sic transit gloria mundi. 17
Ainsi passe la gloire du monde.

L'E'POUSE'E

est conduite par ses Parens en honeur & joye; c'est pour Elle le plus beau jour de tous les autres.

Trois Menetriers vont devant & autant derriére.

18 *Pascit ægros & sanos.*
Il nourrit sains & malades.

LE MOUTON
& Chapon boulli,

servent à l'entrée de Table des Festins, pour abattre la grosse faim.

Le Chapon bouilli est bon pour ceux qui n'ont point de Dents en gueulle.

Capus summa Medicina.
Le Chou Cabu est bonne Médecine.

Non semper præcedunt meliora 19
Les meilleures Viandes ne font pas toûjours servies les premiéres.

De la Tête de Veau, l'œil & les Oreilles en font les plus friants morceaux.

c'est Viande de Gentilhomme, car il y a à manger pour lui & ses Chiens.

Sunt nutritiva multùm carnes vitulinæ.
La chair de Veau est nourrissante.

La Longe de Veau

est de bonne nourriture, le côté du Rognon est le meilleur manger.

LES ORANGES

aiguisent trop l'apétit, le Goulu ne s'en sert pas.

Omnia

Omnia sana sanit.
Bon estomach digére tout.

LA SALADE
se sert dans un Plat, l'Huile & le Vinaigre dans un autre, à la façon qui court.

Cette maniére est bonne pour ceux qui n'aiment point l'Huile.

D

22 *Quatriduanus fœtet.*
Dans peu il sent mauvais.

LE LEVRAUT
est bon étant frais & tout chaud; quand il est gardé, c'est pour les Menetriers.

Le Chapon Roti
est bon quand il est tendre.

LE REGNARD ne mange pas du blanc de Chapon, quoique tendre.

pluries servatur in usum. 23
Il se garde pour en user plusieurs fois.

INGENII LARGITOR VENTER

Le Paté de Venaison & des Craquelins,

ne sont pas pour les Enfans Mutins.
 La Venaison est meilleure en Paté, qu'en toutes autres sortes de sausse, lorsqu'elle est bien assaisonnée & rr-parosée de Vin. L'on en est dégouté, lorsque la barbe lui vient.

Quid non ad invenit gula.
L'apétit trouve tout bon.

LES TARTRES & Flancs, sont plus aisées à manger, qu'à servir sur Table, d'autant qu'il n'y a point d'os.

Omnia

Omnia tempus habent.
Chaque chose à son tems.

Les Gauffres & Bugnets, récréent ceux qui en mangent, parce qu'ils leurs semblent être en Carnaval.

26 *Post Pira sume potum.*
Aprés la Poire, faut boire.

LES POMMES
& les Poires sont bonnes à l'Eau rose avec force Sucre.

Les POIRES de bon Chretien sont meilleures que les POMMES de Turc.

Conservat industria fruges. 27
Les Fruits se gardent par artifices.

LES CERISES
& Prunes confites
sont meilleures pour ceux qui aiment la douceur, que pour ceux qui ne l'aiment pas.

Les Abricots &
quartiers de Coins
ne leur peuvent nuire.

E ij

In fine dulcedo.
Sur la fin la douceur.

Les Moyeux confits, Cotignats, Dragées, Figues, Raisins Marons, &c. ont plus d'agrémens que l'entrée de Table, aprés quoi faut desservir, afin de se récréer, soit à Jeux honêtes, à la Promenade, où à la Dance, qui suit, (*comme on dit,*) la Pance.

Memora perquoquit uvas.
Le tems améne tout.

Qui s'occupe sagement ne perd pas son tems.

Les Enfans qui font bien leur devoir, montent au COCHE pour aller faire VENDANGES avec leurs Pére ou Mére.

30 *Cælum, non animum mutant qui transmare currunt.*

Bon Cheval & mauvais Homme n'amande pas d'aller à Rome.

LA CHASSE,
Le CERF craintif ne devient pas plus hardi, ny les CHIENS plus paisibles pour avoir traversé la MER.

Mortem fugimus omnes. 31
Chacun doit travailler à se sauver.

Le Cerf & la Biche
se sauvent, apréhendant la Mort.

L'Arquebusier,
quoique les Armes à la main, ne l'apréhende pas moins.

La Viande du CERF & de la BICHE est tres excellente pour les Festins & Banquets, de même que pour le guain des Procez.

32 *Simplicitas semper oprimitur.*
Les simples sont toujours opressés.

Les LOUPS,

de tout tems, ont emportés & mangés

les BREBIS.

excepté pendant le DE'LUGE, qu'ils vécurent dans l'ARCHE de NOE' pair à pair & Compagnons, comme faisoient autrefois de sincéres & véritables Camarades & Amis ; qui sont rares à trouver aujourd'hui.

Novit Paucos secura quies. 33
Chacun n'a pas ce beau loisir.

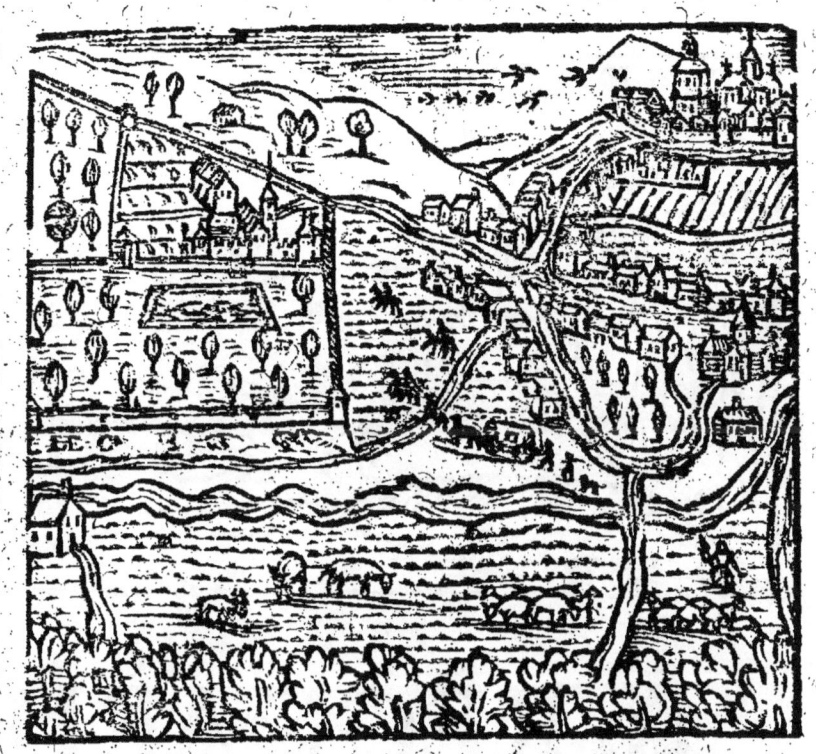

LA CAMPAGNE
est agréable, lorsqu'Elle est couverte de Feuilles, Fleurs & Fruits ; le Coche y roulant, chargez de FLANCS, pour les Enfans, qui ne sont Crieurs, Mignards, Paresseux, n'y Négligens.

F

Arma vulpis astrutia.
La Ruse sert de défence au Regnard.

Le REGNARD & les CHIENS

à ses trousses, sont contraints de le quitter & laisser courir, à cause de la mauvaise puanteur qu'ils sentent de ce qu'il leur secoüe à travers leurs Museaux, sa Queuë sur laquelle il a eu l'adresse de Pisser. De quoi l'on dit aussi, qu'il n'est finesse que de Regnard.

Velox frangit confilium
Diligence rompt l'entreprise.

LE CHASSEUR
quoique fatigué, voudroit encore faire quitter au Regnard sa Robe fourée.

Les fins sont souvent pris.
Il se voit aujourd'hui plus de Chasseurs que de Preneurs, si ce n'est de la peine qui recompense leurs plaisirs.

LA GALERE
ne Vogue

qu'à force de Rame
quand le tems est calme.

www.ingramcontent.com/pod-product-compliance
Lightning Source LLC
Chambersburg PA
CBHW061014050426
42453CB00009B/1442